TABLE ALPHABETIQUE

DE

TOUTES LES RUES,

CUL-DE-SACS, PASSAGES,

Quais, Ponts, Places publiques,
&c. de la Ville & Fauxbourgs
de Paris,

Indiquées par leurs noms, tant anciens
que modernes, avec ceux des Quar-
tiers où elles sont situées.

A PARIS,

Chez DE BURE l'aîné, Quai des Augustins, du côté du Pont S. Michel,
à Saint Paul.

M. DCC. LII.

AVIS

DU LIBRAIRE.

PAris eſt une eſpece de petit Monde où, ſi l'on n'en connoît pas la bouſſole & les routes, il eſt preſque impoſſible de voyager ſans s'expoſer à s'égarer. C'eſt ce qui nous a fait imaginer, à l'occaſion du *Voyage Pittoreſque*, dont nous donnons une nouvelle Edition, d'y joindre une Table Alphabétique de toutes les Rues de cette grande ville. D'autres ont exécuté avant nous le même deſſein dans des Ouvrages de pareille nature ; & nous oſons nous flatter que le Public qui a reçu favorablement leur projet, nous ſçaura gré d'avoir travaillé à le perfectionner.

La Table que nous lui offrons ici , contient non-ſeulement les noms de toutes les Rues, mais encore ceux des Culs de ſac, Cloîtres, Paſſages, Ponts, Quais, Places publiques, &c. de la Ville & Fauxbougs de Paris rangés par l'ordre de l'Alphabet ; avec le nom du Quartier où elles font fituées, marqué en caractere Italique au bout de celui de chacune de ces Rues. Il eſt inutile d'avertir ici, que le nom des Rues qui fe trouve écrit dans Paris à chaque coin desdites Rues, y a été placé en 1728. de l'ordre de M. Hérault alors Lieutenant de Police, renouvellé depuis par M. Berryer en 1751. Nous obſerverons feulement que dans cette Table les Rues font indiquées, non-feulement par les noms modernes qu'elles portent aujourd'hui, mais encore par les noms anciens qu'on leur donnoit autrefois. Nous ne craignons pas d'avancer, que par cet endroit cette Table eſt beaucoup plus ample & plus complette, que toutes celles qu'on a données jufqu'ici des Rues de Paris : nous pouvons ajouter qu'elle eſt encore d'un uſage plus étendu & plus général, à cauſe des anciens titres, où les Rues ne font citées que par ces anciens noms aujourd'hui oubliés ; on conçoit que par cet endroit cette Table peut être d'une très-grande utilité à toutes les perſonnes de Pratique,

A l'égard de l'exactitude, nous n'avons rien négligé pour conftater les noms modernes ou anciens, qui ont été ou qui font affectés aujourd'hui à chaque Rue. Non contens de confulter fur cela tous les meilleurs Plans de Paris, tels que celui qui fut dreffé en 1739. fous les ordres de M. Turgot Prévôt des Marchands, ceux des Srs. Gombaud, Bulet, Jovin de Rochefort, Jaillot & autres, gravés vers la fin du XVI. fiecle & le commencement du XVIIe. même ceux des Srs. Abbé de la Grive, le Rouge & la Caille, ainfi que le Dénombrement de la Ville de Paris fait par ce dernier fous les ordres de feu M. d'Argenfon; non co..tens, dis-je, de tout cela, nous avons fouvent voulu voir par nos yeux, & avons parcouru plus d'une fois plufieurs Quartiers de Paris, pour nous affûrer par nous-mêmes du nom actuel de certaines Rues.

Les Cloîtres, Paffages, Places, Ponts ou Quais, doivent fe chercher dans cette Table aux mots *Cloîtres*, *Paffages*, *Places*, *Ponts*, *Quais*, où on les a tous réunis. A l'égard des

T iij

Culs de sac, comme ils sont en trop grand nombre, on les trouvera, comme les Rues, dans l'ordre alphabétique par la premiere lettre de leur nom. Ainsi comme l'on doit chercher la *Rue S. André*, par exemple, à la lettre A, on cherchera à la lettre S le *Cul-de-sac de la Salambriere.*

Ceux qui seroient curieux de joindre à cette Table un Plan de Paris & de ses environs, peuvent se servir de celui du Sr. de Beaurain, Géographe ordinaire du Roi, Quai des Augustins, qui a contribué avec nous à la perfection de cet Ouvrage. Ce Plan a l'avantage par dessus tous les autres, de joindre à sa petitesse beaucoup de netteté & une très-grande exactitude.

TABLE
ALPHABÉTIQUE
DES NOMS
DE TOUTES LES RUES
DE PARIS,
AVEC
Celui des Quartiers où elles font fituées.

A.

Rue {

ABBATIALE, q. *S. Germain.*
d'Ablon, *Voyez* Neuve S. Médard.
de l'Abrevoir, q. *de la Cité.*
de l'Abrevoir Maçon, *ou* du Cagnard, q. *S. André.*
de l'Abrevoir Pepin, q. *S. Opportune.*
de l'Aiguillerie, q. *S. Opportune.*
C. de fac d'Albret, q. *de la Pl. Maubert.*
des Amandiers, q. *S. Antoine.*
————— q. *S. Benoît.*
d'Amboife, q. *de la Pl. Maubert.*
S. Anaftafe, q. *S. Paul.* q. *du Temple.*
S. André, q. *S. Antoine.*
S. André des Arcs, q. *S. André.*
des deux Anges, q. *S. Germain.*
de l'Anglade, q. *du Palais Royal.*
des Anglois, q. *S. Benoît.*

T iiij

Rue {

C. de-fac des Anglois, q. *S. Martin.*
d'Angoumois, *Voyez* Charlot.
d'Anjou, q. *S. Germain.*
— — — q. *du Palais Royal.*
d'Anjou, *ou* de Vaujour, q. *du Temple.*
C. de-fac d'Anjou, *ou* des Provinciaux,
    q. *du Louvre.*
Ste. Anne, q. *de la Cité.*
— — — q. *S. Denis.*
Ste Anne, *ou* de Lionne,
    q. *du Palais Royal.*
d'Antin, q. *Montmartre.*
S. Antoine, q. *S. Antoine.*
Ste. Apolline, *ou* Neuve S. Denis,
    q. *S. Martin.*
de l'Arbalêtre, q. *S. Benoît.*
de l'Arbre-fec, q. *du Louvre.*
de l'Arche, *ou* de l'Abrevoir Marion,
    q. *Se. Opportune.*
des Arcis, q. *de la Greve.*
C. de-fac d'Argenfon, q. *du Temple.*
d'Argenteuil, q. *du Palais Royal.*
d'Arnetal, *V.* Greneta.
d'Arras, q. *de la Place Maubert.*
Aubri-Boucher, q. *S. Jacq. de la*
    Boucherie.
des Audriettes, q. *de la Grêve.*
C. de-fac de l'Ave-Maria, q. *S. Paul.*
des Aveugles, q. *du Luxembourg.*
Aux Feves, q. *de la Cité.*
des grands Auguftins, q. *S. André.*
d'Avignon, q. *S. Jacq. de la Boucherie.*
Au Maire, q. *S. Martin.*
C. de-fac d'Aumont, q. *S. Paul.*
Ste. Avoye, q. *S. Avoye.*

B

Rue {

C. de-fac des Babillards , q. S. Denis.
de Babilone , q. S. Germain.
Bac des Invalides, q. S. Germain.
du Bac, grande , q. S. Germain.
du Bac, petite , q. du Luxembourg.
de Baffroi, q. S. Antoine.
C. de-fac de Baffour , q. S. Denis.
de Bagneux , q. du Luxembourg.
Baillet , q. du Louvre.
Bailleul , q. du Louvre.
Bailli , q. S. Euftache.
des Balets , q. S. Antoine.
du Banquier , q. de la Place Maubert.
Ste. Barbe , q. S. Denis.
Ste. Barbe, ou des Chiens , ou S. Symphorien , q. S. Benoît.
Barbette, q. S. Antoine.
Bardubec, q. S. Avoie.
de la Barrillerie , q. de la Cité.
de la Barrouillere , q. du Luxembourg.
de la Barre, ou de Scipion , q. de la
  Pl. Maubert.
des Barrés , q. de la Gréve.
des Barres , q. S. Paul.
de la Barriere, q. de la Pl. Maubert.
C. de fac S. Barthelemi, q. de la Cité.
Baffe Ville-neuve , q. S. Denis.
C. de fac de la petite Baftille , q. du
  Louvre.
du Bâton Royal, Voyez Traverfiere.
du Battoir, q. S. André.
——— ——— q. de la Pl. Maubert.
Ruelle Baudin , q. Montmartre.

C. de sac. Baudoirie, q. *S. Martin.*
C. de sac de Baviere, q. *S. Benoît.*
Beaubourg, q. *S. Martin.*
C. de-sac Beaufort, q. *des Halles.*
de Beaujolois, q. *du Temple.*
de Beaune, q. *S. Germain.*
Beauregard, q. *S. Denis.*
Beaurepaire, q. *S. Denis.*
de Beauſſe, q. *du Temple.*
Beautreillis, q. *S. Paul.*
de Beauvais, q. *du Louvre.*
de Belle-Chaſſe, q. *S. Germain.*
de Bellefond, q. *Montmartre.*
S. Benoît, q. *S. Germain.*
C. de-sac S. Benoît, q. *S. Benoît.*
Paſſage S. Benoît, q. *S. Benoît.*
de Berci, q. *S. Antoine.*

Rue ⎨ — — — q. *de la Greve.*

Bergere, q. *Montmartre.*
S. Bernard, q. *S. Antoine.*
des Bernardins, q. *de la Pl. Maubert.*
de Berri, q. *du Temple.*
C. de-sac Bertaux, q. *S. Martin.*
Bertin - Poirée, q. *S. Opportune.*
Bétiſi, q. *S. Opportune.*
Beuriere, *V.* de la Corne.
de Bievre, q. *de la Place Maubert.*
de Bievre, petite, q. *de la Pl. Maubert.*
des Billettes, q. *S. Avoie.*
de Biſſi, q. *du Luxembourg.*
des Blancs-manteaux, q. *S. Avoie.*
C. de-sac des Blancs-manteaux, *Voyez*
Pecquay.
Blomet *ou* Plumet, q. *S. Germain.*
C. de-sac du Bœuf, q. *S. Martin.*
S. Bon, q. *de la Greve.*

Rue

du Bon Puits , q. *de la Pl. Maubert.*
de la Bonne Eau , q. *S. Germain.*
de la Bonne Morue, q. *du Palais Royal.*
de Bonne Nouvelle , q. *S. Denis.*
des Bons Enfans , q. *S. Euſtache.*
Bordet , q. *de-la Pl. Maubert.*
des trois Bornes , q. *du Temple.*
Boucherat , q. *du Temple.*
de la Boucherie , q. *S. Germain.*
———— q. *du Palais Royal.*
des Boucheries , q. *du Luxembourg.*
de la Bouclerie , q. *S. André.*
Boudebrie , q. *S. André.*
des Boulangers , q. *de la Pl. Maubert.*
des deux Boules , q. *S. Opportune.*
des Boulets , q. *S. Antoine.*
des Boulies , *Voyez* Neuve d'Orleans.
du Bouloi , q. *S. Euſtache.*
de la Bourbe , q. *du Luxemboug.*
de Bourbon , q. *S. Germain.*
———— q. *S. Denis.*
Bourbon le Chateau , q. *S. Germain.*
des Bourdonnois , q. *S. Opportune.*
Bourg-l'Abbé , q. *S. Denis.*
de Bourgogne , q. *S. Germain.*
des Bourguignons , *ou* de Bourgogne ,
  q. *S. Benoît.*
Bourtibourg , q. *S. Avoie.*
du Bout du monde , q. *S Euſtache.*
C. de-ſac de la Bouteille , q. *S. Denis.*
C. de-ſac Bouvart *ou* de la Cour des
  Bœufs. q. *S. Benoît.*
de Bracq , q. *S. Avoie.*
de la Braſſerie , *Voyez* Traverſiere.
C. de ſac de la Braſſerie , *ou* des
  Prêcheurs. q. *du Palais Royal.*

du Brave, q. *du Luxembonrg.*
Breneuse, q. *S. Germain.*
de Bretagne, q. *du Temple.*
de la Bretonnerie, grande, q. *S Benoît.*
de la Bretonnerie, petite, q. *S. Benoît.*
de Bretonvilliers, *Ifle N. D.*
Brife-miche, q. *S. Martin.*
des Brodeurs, q. *S. Germain.*
de la Bûcherie, q. *S. Benoît.*
de Buffi, q. *du Luxembourg.*
des Buttes, q. *S. Antoine.*

C

Cadet, *V.* de la Voirie.
du Cagnard, *Voyez* de l'Abrevoir Mâçon.
de la Calandre, q. *de la Cité.*
des Cannettes, q *du Luxembonrg.*
des trois Cannettes, q. *de-la Cité.*
du Cannivet, q. *du Luxembourg.*
des Capucines, q. *Montmartre.*
des Capucins, q. *S. Benoît.*
des Carcaiffons, q. *de la Cité.*
Cardinale, q. *S. Germain.*
de Carême-prenant, q. *S. Martin.*
C. de-fac des Carmelites, q. *S. Benoît.*
des Carmes, q *S. Benoît.*
du Carneau, *ou* du Port à Me. Pierre, q. *S. Benoît.*
du Caroufel, q. *du Palais Royal*
Carpantier, q. *du Luxembourg*
Caffette, q. *du Luxembourg.*
Ste. Catherine, *ou* de la Madeleine, q. *du Luxembourg.*
Cenfier, q. *de la Pl. Maubert.*

Rue {

Centier q. *Montmartre.*
de la Cerisaye, q. *S. Paul.*
de Chaillot , q. *du Palais Royal.*
de la Chaise, *ou* des Teigneux ,
    q. *S. Germain.*
Champion , *Voyez* du Rempart.
du Champ de l'Alouette, q. *de la*
    Pl. Maubert.
du Champ-fleuri, q. *du Louvre.*
des trois Chandeliers, q. *S. André.*
Chanoinesse, q. *de la Cité.*
des Chantiers , q. *S. Antoine.*
du grand Chantier, q. *du Temple.*
du Chantre, q. *du Louvre.*
des Chantres, q. *de la Cité.*
de la Chanverrerie, q. *des Halles.*
du Chapitre, q. *de la Cité.*
Chapon, q. *S Martin.*
des Charbonniers , q. *S. Antoine.*
—— —— —— —— q. *S. Benoît.*
de Charenton, q. *S. Antoine.*
Charlot, *ou* d'Angoumois, q. *du*
    Temple.
de Charonne, q. *S. Antoine.*
Chartiere, q. *S. Benoît.*
C. de sac du Chat blanc, q. *S. Jacq.*
    de la Boucherie.
du Chat qui pêche , *ou* du Renard ,
    q. *S. André.*
du Chaume, *ou* de la Meres, q. *S.*
    Avoye.
de la Chausseterie, q. *des Halles.*
Chemin de la Contrescarpe , q. *du*
    Luxembourg.
du Chemin S. Denis , q. *du Temple.*
du Chemin verd ; q. *S. Antoine.*

xiv   R U E S

—————— q. *du Palais Royal.*
du Cherche-midi , q. *du Luxembourg.*
du Cheval-verd , q. *S. Benoît.*
du Chevalier du Guet , q. *S. Opportune.*
Chevilly , q. *du Palais Royal.*
des Chiens , *Voyez* Se. Barbe.
Childebert , q. *S. Germain.*
Christine , q. *S. André.*
S. Christophe , q. *de la-Cité.*
des Cignes , q. *S. Germain.*
des Cholets , *ou* Jean le Maître ,
    q. *S. Benoît.*
du Cigne , q. *des Halles.*
du Cimetiere , *Voyez* Palatine.

Rue { du Cimetiere {
    S. André , q. *S. André.*
    S. Benoît , q. *S. Benoît.*
    S. Jacques du Haut-pas , q. *du Luxembourg.*
    S. Nic. des Champs , q. *S. Martin.*
    S. Severin , q. *S. André.*
    S. Sulpice , q. *du Luxembourg.*

des Ciseaux , q. *S. Germain.*
S. Claude , q. *S. Denis.*
—————— q. *du Temple.*
C. de sac S. Claude , q. *S. Eustache.*
de la Clef , q. *de la Place Maubert.*
de Cléri , q. *Montmartre.*
—————— q. *S. Denis.*
—————— q. *du Temples.*
C. de sac. de Clervaux , q. *S. Avoie.*
Cloche perse , q. *S. Antoine.*

Cloître {
    S. Benoît , q. *S. André.*
    des Bernardins , q. *de la Place Maubert.*
    S. Germain l'Auxerrois , q. *du Louvre.*

Cloître {
S. Honoré, q. *S. Euſtache.*
S. Jean de Latran, q. *S. Benoît.*
S. Louis, *ou* S. Thomas du Louvre, q. *du Louvre.*
S. Marcel, q. *de la Pl. Maubert.*
S. Martin des Champs, q. *S. Martin.*
S. Méri, q. *S. Martin.*
S. Nicolas du Louvre, q. *du Louvre.*
Notre-Dame, q. *de la Cité.*
S. Opportune, q. *S. Opportune.*

Rue {
Clopin, q. *de la Place Maubert.*
du Clos Gérgeau, *ou* Georjot, q. *du Palais Royal.*
de Cluni, q. *S. André.*
Cocatrice, q. *de-la Cité.*
du Cœur volant, q. *du Luxembourg.*
Colbert, q. *Montmartre.*
de la Colombe, q. *de-la Cité.*
du Colombier, q. *S. Germain.*
C. de-ſac des Commiſſaires, q. *Montmartre.*
Comteſſe d'Artois, q. *des Halles.*
de Condé, *ou* Neuve S. Lambert, q. *du Luxembourg.*
C. de ſac de Conti, q. *S. Germain.*
Contreſcarpe, q. *S. André.*
de la Contreſcarpe, *ou* des Foſſés S. Antoine. q. *S. Antoine.*
——— q. *de la Place Maubert.*
du Coq, q. *de la Greve.*
——— q. *Montmartre.*
R. *ou* C. de ſac du Coq, q. *du Louvre.*

Coquenard , *Voyez* Notre-Dame de
    Lorette.

C. de fac Coquerel, q. *S. Antoine.*

Coqueron, q. *S. Euftache.*

Coquillere, q. *S. Euftache.*

des Coquilles, q. *de la Greve.*

des Cordeliers, q. *S. André.*

de la Corderïe, q. *du Temple.*

C. de fac de la Corderie, *ou* Pe-
    ronelle, q. *du Palais Royal.*

des Cordiers, q. *S. André.*

de la Cordonnerie, q. *des Halles.*

de la Corne, *ou* Beuriere , q. *du*
    Luxembourg.

de la Corne *ou* Coupegorge, q. *S.*
    Benoît.

de la Coffonerie , q. *des Halles.*

des Coupeaux , q. *de la Pl. Maubert.*

Rue {

Coupegorge, *Voyez* de la Corne.

C. de fac de la Cour des Bœufs ,
    Voyez Bouvart.

de la Cour du More , q. *S. Martin.*

C. de fac de la Cour Ste. Catherine,
    q. *S. Denis.*

C. de fac de la Cour pavée, aujour-
    d'hui detruit, q. *du Palais Royal.*

C. de fac de la Cour de Rouen , q.
    S. André.

de la Couroierie, q. *S. Martin.*

des trois Couronnes , q. *de la Pl.*
    Maubert.

Courtalon , q. *S. Opportune.*

C. de fac Courtauri, *Voyez* C. de fac
    de l'Opera.

C. de fac Court Baton *ou* de Sourdis ,
    q. *du Louvre.*

Rue {

Courteau-Vilain , q. *S. Martin.*
de la Coutellerie , q. *de la Greve.*
Creuſe , q. *de la Pl. Maubert*
du Croîſſant , q. *Montmartre.*
Ste. Croix de-la Bretonnerie , q. *S.*
  Avoye.
Ste. Croix de la Cité , q. *de-la Cité.*
de la Croix , q. *S. Martin.*
de la Croix blanche , *ou* Hennequin ,
  q. *S. Avoye.*
———— q. *Montmartre.*
C. de ſac de la Croix Faubin , q. *du*
  Temple.
de la Croix des petits champs , q.
  S. Euſtache.
Croulebarbe , q. *de-la Pl. Maubert.*
C. de ſac du Crucifix , q. *S. Denis.*
du Crucifix S. Jacques , q. *S.*
  Jacques de la Boucherie.
Culture Ste. Catherine , q. *Saint*
  Antoine.
Culture S. Gervais , q. *du Temple.*

D

Dagueſſeau , q. *du Palais Royal.*
du Dauphin , *V. S.* Vincent.
Dauphine , q. *S. André.*
des Déchargeurs , q. *S. Opportune.*
du Demi-Saint q. *du Louvre.*
S. Denis , q. *S. Denis.*
de la Dentelle *ou* de la Lanterne ,
  q. *de la Greve.*
des cinq Diamans , q. *S. Jacq. de la*
  Boucherie.
des Dix-huit , *Voyez* de Veniſe.

S. Dominique , q. *S. Germain.*
— — — — q. *du Luxembourg.*
C. de fac S. Dominique , q. *du Lu-*
  xembourg.
du Doyenné , q. *du Palais Royal.*
de la Draperie. q. *de la Cité.*
de Duras , q. *du Palais Royal.*

E

de l'Echarpe , q. *S. Antoine.*
de l'Echaudé , q. *S. Germain.*
— — — — q. *des Halles.*
— — — — q. *du Temple.*
de l'Echelle , q. *du Palais Royal.*
de l'Echelle du Temple , *Voyez* Viëil-
  les Audriettes.
C. de fac de l'Echiquier , q *du Temple.*
Place de l'Ecole , q. *du Louvre.*
d'Ecoffe , q. *S. Benoit.*
des Ecouffes , q. *S. Antoine.*
des Ecrivains , q. *S. Jacq. de la Bou-*
  cherie.
des Ecuries , q. *du Palais Royal.*
des deux Ecus, q. *S. Euftache.*
de l'Egout, q. *S. Germain.*
de l'Egout S. Catherine , q. *S. Antoine.*
de l'Egout du Ponceau , q. *S. Denis.*
S. Eloi, *Voyez* de la Savaterie.
C. de-fac S. Eloi, q. *S. Paul.*
C. de fac de l'Empereur , q. *S. Denis.*
des Enfans rouges , q. *du Temple.*
d'Enfer, q. *de-la Cité.*
— — — q. *du Luxembourg.*
— — — q. *Montmartre.*
de l'Epée de bois, q. *de la Pl. Maubert.*

de l'Eperron, q. *S. André.*

de l'Eftrapade, *ou* des Foffés S. Jacques, q. *S. Benoît.*

S. Etienne, q. *S. Antoine.*

——————— q. *S. Denis.*

S. Etienne des Grecs, q. *S. Benoît.*

de l'Etoile, q. *S. Paul.*

C. de-fac de l'Etoile, q. *S. Denis.*

de l'Evêché, q. *de la Cité.*

de l'Evêque, q. *du Palais Royal.*

F

C. de fac S. Faron, q. *de la Greve.*

des Fauconniers, *ou* du Fauconnier, q. *S. Paul.*

Rue

du Fauxbourg

- S. Antoine, q. *S. Antoine.*
- S. Denis, q. *S. Denis.*
- S. Honoré, q. *du Palais Royal.*
- S. Jacques, q. *S. Benoît*
- S. Laurent, *ou* S. Lazare, q. *S. Martin.*
- S. Martin, q. *S. Martin.*
- Montmartre, q. *Montmartre.*
- du Temple, q. *du Temple.*

de la Femme fans tête, *Ifle Saint Louis.*

du Fer, q. *de-la Pl. Maubert.*

du Fer à moulin, q. *de la Pl. Maubert.*

de la Féronnerie, q. *des Halles.*

Ferou, q. *du Luxembourg.*

C. de fac de Ferou *ou* des Prêtres, q. *du Luxembourg.*

aux Fers, q. *des Halles.*

de la Feuillade, q. *Montmartre.*

C. de fac des Feuillantines, q. *S. Benoît.*

Rue {

Feydeau, *ou* Neuve des-Foſſés Montmartre, q. *Montmartre.*

S. Fiacre *ou* du Figuier. q. *Montmartre.*

C. de-ſac S. Fiacre, q. *S. Jacq. de
la Boucherie.*

du Figuier, q. *S. Paul.*

du Figuier, *ou* S. Fiacre, q. *Montmartre.*

des Filles Angloiſes, q. *de-la Pl.
Maubert.*

des Filles Angloiſes, q. *S. Antoine ;
Voyez* Moreau.

des Filles du Calvaire, q. *du Temple.*

des Filles-Dieu, q. *S. Denis.*

C. de ſac des Filles-Dieu, q. *S. Denis.*

des Filles S. Thomas, q. *Montmartre.*

Ste. Foi, q. *S. Denis.*

du Foin, q. *S. André.*

———— q. *S. Antoine.*

de la Foire, q. *du Luxembourg.*

de la Folie Mericourt, q. *du Temple.*

de la Folie Renaud, q. *S. Antoine.*

de la Fontaine du Roi, q. *de-la Pl.
Maubert.*

des Fontaines, q. *S. Martin.*

———— q. *du Temple.*

du Forez, q. *du Temple.*

Cul de Sac Fortaux Dames, q. *S.
Jacq. de la Boucherie.*

Cul de Sac de la Foſſe aux Chiens,
q. *S. Opportune.*

des Foſſés {

S. Antoine, q. *S. Antoine.*

S. Bernard, q. *de la Pl. Maubert.*

S. Denis, q. *S. Denis.*

des Fossés {
S. Germain l'Auxerrois q. du Louvre.
S. Germain des Prez, q. du Luxembourg.
S. Jacques, *Voyez* Estrapade.
S. Marcel, q. *S. Benoît.*
S. Martin, q. *S. Martin.*
S. Michel, *Voyez*, S. Hiacinthe.
Montmartre, q. *Montmartre.*
de M. le Prince, q. *du Luxembourg.*
du Temple, q. *du Temple.*
des Tuilleries, q. *du Louvre.*
S. Victor, q. *de-la Pl. Maubert.*
}

Rue {
des Fossoyeurs, q. *du Luxembourg.*
du Fouarre, q. *S. Benoît.*
du Four, q. *S. Eustache.*
——— q. *du Luxembourg.*
du Four Basset, q. *de la* **Cité.**
de Fourcy, *ou* Sencée, q. *S. Paul.*
de Fourcy, q. *S. Benoît.*
Cul de Sac de Fourcy, *ou* Guépine, q. *S. Paul.*
des Foureurs, q. *S. Opportune.*
S. François, q. *du Temple.*
Françoise, q. *S. Denis.*
——— q. *de la Place Maubert.*
des Francs-Bourgeois, q. *S. Antoine.*
——— q. *du Luxembourg.*
——— q. *de la Pl. Maubert.*
Fremanteau, q. *du Palais Royal.*
Frepillon, q. *S. Martin.*
de la Friperie, q. *des Halles.*
de la petite Friperie, q. *des Halles.*
de la Fromagerie, q. *des Halles.*
Fromantel, q. *S. Benoît.*
}

des Frondeurs , q. *du Palais Royal.*
du Fumier , q. *S. Antoine.*
de Furſtemberg , q. *S. Germain.*
des Fuſeaux , q. *S. Opportune.*

G.

de Gaillon , q. *Montmartre.*
Galande , q. *S. Benoît.*
Garanciere , q. *du Luxembourg.*
Gautier Renaud , q. *de la Pl. Maubert.*
Geoffroi-Langevin , q. *S. Martin.*
Geoffroi-Laſnier , q. *S. Paul.*
Ruelle S. George , q. *Montmartre.*
Gerard Boquet , q. *S. Paul.*
S. Germain l'Auxerrois , q. *du Louvre*
  & de S. Opportune.
S. Gervais , q. *du Temple.*
Rue ⎨ Gervais-Laurent , q. *de la Cité.*
de Gêvres , q. *S. Jacques de la Bou-*
  cherie.
Gile-Cœur , q. *S. André.*
S. Gilles , q. *du Temple.*
du Gindre , q. *du Luxembourg.*
de Glatigny , q. *de la Cité.*
Cul de Sac de Gloſiette , q. *S. Benoît.*
des Gobelins , q. *de la Place Maubert.*
de Gonneſſe , q. *S. Germain.*
Cul de Sac Gourtin , *Voyez S. Pierre.*
Gracieuſe , q. *de la Place Maubert.*
de la Grange Bateliere , q. *Montmartre.*
Cul de Sac de la Grange Bateliere , q.
  Montmartre.
des Gravilliers , q. *S. Martin.*
de Grenelle , q. *S. Euſtache.*
——— —— — q. *S. Germain.*

Rue
{
Grenet a , q. *S. Denis.*

Grenier S. Lazare , q. *S. Martin.*

Greniers fur l'Eau , q. *de la Grêve.*

Grenouillere , *Voyez* des Poirées.

du Gril, q. *de la Place Maubert.*

Gromiere , q. *des Halles.*

du Gros Caillou, q. *de la Pl. Maubert.*

du Gros Chenet , q. *Montmartre.*

Cul-de-Sac de la Groffe Tête, q. *Saint Denis.*

de Guénégaud , q. *S. Germain.*

Cul-de-Sac Guépine , *Voyez* de Fourcy.

Guérin-Boiffeau , q. *S. Denis.*

Cul-de-Sac du Guichet, q. *S. Germain.*

Guillaume , *Ifle Notre-Dame.*

S. Guillaume , q. *S. Germain.*

Guillemin , q. *du Luxembourg.*

Carrefour Guilleri , q. *de la Grêve.*

Cul-de-Sac de Guimenée , q. *S. Antoine.*

Guifarde , q. *du Luxembourg.*

H.

de la Halle aux Poirées , q. *des Halles.*

de la Harangerie , q. *S. Opportune.*

de Harlai , q. *de la Cité.*

—— —— —— q. *du Temple.*

de la Harpe , q. *S. André.*

du Haut-Moulin , q. *de la Cité.*

Haute-Feuille , q. *S. André.*

de Hautefort , q. *S. Benoît.*

des Hauts Foffés S. Marcel , q. *de la Place Maubert.*

du Hazard , q. *du Palais Royal.*

de la Heaumerie , q. *S. Jacques de la Boucherie.*

Hennequin , *Voyez.* de la Croix
　　Blanche.
des deux Hermites, q. *de la Cité.*
du grand Heuleu, q. *S. Denis.*
du petit Heuleu , q. *S. Denis.*
S. Hiacinthe, *ou* des Foſſés S. Michel,
　　q. *S. André.*
Cul-de-Sac S. Hiacinthe, q. *du Palais*
　　Royal.
S. Hilaire, du Mont S. Hilaire, *ou du*
　　Puits certain, q. *S. Benoît.*
Hillerin-Bertin, q. *S. Germain.*
de l'Hirondelle , q. *S. André.*
de l'Homme Armé, q. *S. Avoie.*
S. Honoré , q. *du Palais Royal.*
Honoré-Chevalier , q. *du Luxembourg.*
de l'Hôpital S. Louis, q. *S. Martin.*
Cul-de-Sac des Hoſpitaliéres, q. *Saint*
　　Antoine.
de l'Hôtel - Dieu, q. *Montmartre.*
du Houſſai, q. *S. Denis.*
de la Huchette, q. *S. André.*
—— —— —— —— q. *de la Cité.*
du Hurepoix, q. *S. André.*
S. Hypolite, q. *de la Place Maubert.*

J.

Jacinte, q. *S. Benoît.*
Jacob, q. *S. Germain.*
Paſſage des Jacobins , q. *S. Benoît.*
—————————— q. *S. Germain.*
S. Jacques, q. *S Benoît.*
—————— q. *de la Pl. Maubert.*
S, Jacques de-la Boucherie, q. *S. Jac-*
　　ques de la Boucherie.
　　　　　　　　　　　du Jardin

du Jardin du Roi, q. de la Pl. Maubert.

Cul-de-Sac du Jardin Royal, q. de la Pl. Maubert.

du Jardinet, q. S. André.

des Jardins, q. S. Paul.

Jean Beau-fire, q. S. Antoine.

Jean de Beauffe, q. des Halles.

S. Jean de Beauvais, q. S. Benoît.

Jean S. Denis, q. du Louvre.

Jean de l'Epine, q. de la Greve.

S. Jean de Latran, q. S. Benoît.

Jean le Maître, Voyez des Cholets.

Jean-Lentier, q. S. Opportune.

Jean Pain mollet, q. de la Greve.

Jean Robert, q. S. Martin.

Jean Tifon, q. du Louvre.

S. Jérôme, q. S. Jacques de la Bou-cherie.

Rue {

Cul-de-Sac de Jérufalem, q. de la Cité.

Cul-de-Sac des Jéfuites, q. S. Paul.

Cul-de-Sac du jeu de Mets, q. S. Germain.

des Jeux-neufs, q. Montmartre.

Jolivet, q. Montmartre.

Joquelet, q. Montmartre.

S. Jofeph, ou du Tems perdu, q. Montmartre.

de la Jouaillerie, q. S. Jacq. de la Boucherie.

de Joui, q. S. Paul.

du Jour, q. S. Euftache.

——— q. S. Benoît.

Judas, q. S. Benoît.

des Juifs, q. S. Antoine.

de la Juiverie, q. de la Cité.

V

S. Julien le Pauvre, q. *S. Benoît.*
de la Jussienne, q. *S. Eustache.*

L

S. Lambert, *Voyez* de Condé.
de Lamoignon, q. *de la Cité.*
S. Landri, q. *de la Cité.*
de la Lanterne, q. *de la Cité.*
de la Lanterne, *ou* de la Dentelle,
　q. *de la Greve.*
de Lape, q. *S. Antoine.*
au Lard, q. *des Halles.*
des Lavandieres, q. *S. Opportune.*
———— q. *de la Place Maubert*
S. Laurent, q. *S. Denis.*
Cul-de-sac S. Laurent, q. *S. Denis.*
S. Leufroi, q. *Ste. Opportune.*

Rue
de la Levrette, q. *de la Greve.*
de la Licorne, q. *de la Cité.*
de la Limace, q. *S. Opportune.*
de Limoges q. *du Temple.*
de la Lingerie q. *des Halles.*
de Lionne, q. *Montmartre*
des Lionnois, q. *S. Benoît.*
des Lions, q. *S. Paul.*
des Lombards, q. *S. Jacques de la*
　Boucherie.
de Longpont, q. *de la Greve.*
de la Longue allée, q. *S. Denis.*
S. Louis, q. *de la Cité.*
———— *Isle Notre-Dame.*
———— q. *du Palais Royal.*
———— q. *du Temple.*
de Louis le Grand, q. *Montmartre.*
de Lourcine, q. *de la Pl. Maubert.*

du Louvre *ou* de l'Oratoire, q. *du Louvre.*

de la Lune, q. *S. Denis.*

de Luxembourg, q. *du Palais Royal.*

M

Macon, q. *S. André.*

des Maçons, q. *S. André.*

de la Madelaine, q. *du Palais Royal.*

de la Madelaine, *Voyez* Ste. Catherine.

S. Magloire, q. *S. Jacques de la Boucherie.*

Maillet, q. *du Luxembourg.*

Maquignonne, q. *de la Pl. Maubert.*

des Marais, q. *S. Germain.*

———————— q. *S. Martin.*

———————— q. *du Temple.*

S. Marc, q. *Montmartre.*

S. Marcel, *Voyez* Mouffetard.

de la Marche, q. *du Temple.*

du Marché, q. *de la Pl. Maubert.*

du Marché-Neuf, q. *de la Cité.*

du Marché-Palu, q. *de la Cité.*

Ste. Marguerite, q. *S. Antoine.*

———————— q. *S. Germain.*

Ste. Marie, q. *S. Germain.*

Carrefour des trois Maries, q. *du Louvre.*

Cul-de-Sac Ste. Marine, q. *de la Cité.*

des Marionnettes, q. *S. Benoît.*

Mariveau, q. *S. Jacq. de la Boucherie.*

Mariveau, petite, q. *S. Jacq. de la Boucherie.*

des Marmousets, q. *de la Cité.*

— — — — q. *de la Pl. Maubert.*
Ste. Marthe , *q. S. Germain.*
Cul-de-Sac S. Martial , q. *de la Cité.*
S. Martin , q. *S. Martin.*
du Martroi , q. *de la Greve.*
des Mathurins , q. *S. André.*
ruelle des Mathurins , q. *du Palais
  Royal.*
de Matignon , q. *du Louvre.*
de Matignon , petite , q. *du Louvre.*
Maubué , q. *S. Martin.*
Mauconſeil , q *S. Denis.*
S. Maur , q. *du Luxembourg.*
des Mauvais Garçons , q. *de la Greve.*
— — — — — q. *du Luxembourg.*
des Mauvaiſes Paroles , q. *S. Opportune.*
Mazarine , q. *S. Germain.*
Rue Mazure , q. *S. Paul.*
de Melai , q. *S. Martin.*
des Méneſtriers , q. *S. Martin.*
de Menil-montant , q. *du Temple.*
de la Merci , *Voyez* du Chaume.
S. Meri , q. *S. Martin.*
du Meurier , q. *de la Pl. Maubert.*
Meziere , q. *du Luxembourg.*
Cul-de-Sac du grand S. Michel , q. *S.
  Denis.*
Michel le Comte , q. *S. Martin.*
Mignon , q. *S. André.*
du Milieu du Monde , q. *S. Germain.*
des Minimes , q. *S. Antoine.*
Cour des Miracles , q. *S. Denis.*
des Moineaux , q. *du Palais Royal.*
de Monceau , q. *du Palais Royal.*
Mondetour , q. *des Halles.*
de la Monnoie , q. *du Louvre.*

Rue

de la Montagne S. Genevieve, q. *de la Pl. Maubert.*

Montgallet, q. *S. Antoine.*

Montmartre, q. *Montmartre & S. Euſtache.*

de Montmorency, q. *S. Martin.*

Montorgueil, q. *S. Denis.*

de Montreuil, q. *S. Antoine.*

Moreau, *ou* des Filles Angloiſes, q. *S. Antoine.*

du Mont S. Hilaire, *Voyez* S. Hilaire.

des trois Mores, q. *S. Jacq. de la Boucherie.*

Cul-de-Sac Mortagne, q. *S. Antoine.*

de la Mortellerie, q. *de la Greve.*

Mouffetard *ou* S. Marcel, q. *de la Pl. Maubert.*

des Moulins, q. *du Palais Royal.* -

de Mouſſy, q. *S. Avoie.*

du Mouton, q. *de la Greve.*

de la Muette, q. *S. Antoine.*

des Mulets, q. *du Palais Royal.*

des Murs de la Roquette, q. *S. Antoine.*

N

Navet, *Voyez* des Teinturiers.

de Nazareth, q. *de la Cité.*

de Nevers, q. *S. Germain.*

Neuve

S. Auguſtin, q. *Montmartre.*

des Bons enfans, q. *S. Euſtache.*

Ste. Catherine, q. *S. Antoine.*

S. Denis, q. *S. Denis.*

S. Etienne des Morfondus, q. *de la Place Maubert.*

S. Euſtache, q. *Montmartre.*

Neuve {

des Filles-Dieu , q. S. Denis.

des Foſſés Montmartre , Voyez Feydeau.

Ste. Genevieve , q. S Benoît.

S. Gilles , q. du Temple.

S. Laurent , q. S. Martin.

S. Lambert , Voyez de Condé.

S. Martin , q. S. Martin.

S. Medard , ou d'Ablon , q. de la Place Maubert.

S. Meri , q. S. Martin.

Notre-Dame , q. de la Cité.

d'Orleans , q. S. Martin.

— — ou des Boulies , q. de la Place Maubert.

— — — — q. du Temple.

Rue {

S. Paul , q. S. Paul.

des Petits Champs, q. Montmartre.

de Richelieu , q. S. André.

S. Roch , q. du Palais Royal.

S. Sauveur , q. S. Denis.

S. Nicaiſe , q. du Palais Royal.

S. Nicolas , q. S. Antoine.

S. Nicolas du Chardonnet , q. de la Pl. Maubert.

du Noir , q. de la Pl. Maubert.

des Nonaindieres , q. S. Paul.

de Normandie , q. du Temple.

Notre-Dame {

des Champs , q. du Luxembourg.

de Lorette , ou Coquenard , q. Montmartre.

de Nazareth , q. S. Martin.

de Recouvrance , q. S. Denis.

des Victoires , q. Montmartre.

Ruelle Notre-Dame , q. de la Pl. Maubert.

des Noyers, q. *S. Benoît.*

O

de l'Obſervance, q. *S. André.*
de l'Obſervatoire, q. *du L'uxembourg.*
Ogniard, q. *S. Jacq. de la Boucherie.*
des Oiſeaux, q. *du Temple.*
d'Olivet, q. *S. Germain.*
Cul-de-Sac de l'Opera, *ou* Courauri,
    q. *du Palais Royal.*
de l'Orangerie, *ou* des Tuilleries ,
    q. *du Palais Royal.*
———— q. *de la Pl. Maubert.*
de l'Oratoire, *Voyez* du Louvre.
des Orfevres, q. *Ste. Opportune.*
d'Orleans, q. *S. Euſtache.*
———— q. *de la Pl. Maubert.*
———— q. *du Temple.*
des Ormes, *Voyez* Quai des Ormes
des Orties, q. *du Louvre.*
——— q. *du Palais Royal.*
de l'Oſeille, q. *du Temple.*
aux Ours, q. *S. Denis.*

P

Pagevin, q. *S. Euſtache.*
Palatine, *ou* du Cimetiere, q. *du*
    Luxembourg.
du Paon, q. *S. André.*
———— q. *de la Pl. Maubert.*
Cul-de-Sac du Paon, q. *S. André.*
du Paon blanc, *ou* de la Porte dorée ,
    q. *S. Paul.*
de Paradis, q. *S. Avoie.*

Rue

— — — q. S. *Benoît*.
— — — — q. *S. Denis*.
du Parc Royal, q. S. *Antoine*.
— — — — — q. *du Temple*.
de la Parcheminerie, q. S. *André*.
du Pas de la Mule, q. S. *Antoine*.
Paſſage de S. André, q. S. *André*.
— — de la Charité, q. S. *Germain*.
— — du Cimetiere S. Severin, q. *S. André*.
— — du S. Eſprit, q. *de la Greve*.
— — des Feuillans, q. *du Palais Royal*.
— — de S. Gervais, q. *de la Greve*.
— — de l'Hôtel de Créqui, q. *du Louvre*.
— — de l'Hôtel de la Monnoie, q. *S. Opportune*.
— — de S. Jean de Latran, q. *S. Benoît*.
— — de S. Julien le Pauvre, q. *S. Benoît*.
— — du Palais Royal, q. *S. Euſtache, & du Palais Royal*.
du Preau de la Foire, q. *du Luxembourg*.
Paſtourelle, q. *du Temple*.
Cour des Patriarches, q. *de la Pl. Maubert*.
Pavée, q. *S. André*.
— — q. *S. Antoine*.
— — q. *S. Denis*.
du Pavé de la Pl. Maubert, q. *de la Pl. Maubert*.
des trois Pavillons, q. *S. Antoine*.
S. Paul, q. *S. Paul*.
Cul-de-Sac S. Paul, q. *S. Paul*.
Payenne, q. *S. Antoine*.

du Pélican, q. *S. Euſtache.*
de la Pelleterie, q. *de la Cité.*
Peniche, *Voyez* S. Pierre.
Cul-de-Sac Pequa *étou* de Novion, q. *S. Avoie, peut-ere,* des Blancs-Man-teaux.
Percée, q. *S. André.*
— — q. *S. Paul.*
du Perche, q. *du Temple.*
Perdue, q. *de la Pl. Maubert.*
des SS. Peres, q. *S. Germain.*
de Perigueux, q. *du Temple.*
Perin Gaſſelin, q. *S. Opportune.*
de la Perle, q. *du Temple.*
Pernelle, q. *de la Greve.*
Cul-de-Sac Peronelle, *Voyez* de la Corderie.
Rue de Perpignan, q. *de la Cité.*
du Pet au Diable, q. *de la Greve*

du Petit {
Bourbon, q. *du Louvre.*
— — — q. *du Luxembourg.*
Carreau, q. *S. Denis.*
Jardinet, q. *S. Antoine.*
Lion, q. *S. Denis.*
— — q. *du Luxembourg.*
Moine, q. *de la Pl. Maubert.*
Muſc, q. *S. Paul.*
Pont, q. *S. Benoît.*
}

des Petits {
Auguſtins, q. *S. Germain.*
Champs, q. *S. Martin.*
Peres, q. *Montmartre.*
Piliers, q. *des Halles.*
}

Phelipeaux, q. *S. Martin.*
S. Philippe, q. *S. Denis.*
de Picpus, q. *Saint Artoine.*
Pied de Bœuf, q. *S. Jacq. de la Boucherie.*

S. Pierre, *ou* Peniche, q. *Montmartre.*
——————————— q. *du Temple.*
Cul-de-Sac S. Pierre *ou* Gourtin , q. *Montmartre.*
Pierre Aſſis *ou* Quiraſſis , q. *de la Pl. Maubert.*
S. Pierre aux Bœufs , q. *de la Cité.*
Pierre au Lard , q. *S. Martin.*
Pierre aux Poiſſons , q. *Ste Opportune.*
Pierre Sarrazin , q. *Ste. André.*
des Piliers d'étain , q. *des Halles.*
du bas Pincourt , q. *du Temple.*
Pirouette , q. *des Halles.*
des trois Piſtolets , q. *S. Paul.*
de la Place aux Veaux , q. *S. Jacq.* *de la Boucher e.*
Place aux Veaux , q. *S. Paul.*

Rue

—— Baudoyers, q. *de la Greve.*
—— de Cambrai , q. *S. Benoît.*
—— du Chevalier du Guet , q. *Ste. Opportune.*
—— Dauphine , q. *de la Cité.*
—— de Fourci , q. *S. Benoît.*
—— de Greve , q. *de la Greve.*
—— de Louis le grand *ou* de Verdôme , q. *du Palais Royal.*
—— Maubert , q. *de la Pl. Maubert.*
—— de S. Michel , *ou* Carrefour S. Hiacinthe , q. *S. André.*
—— Moffis , q. *S. Paul.*
—— du Palais Royal , q. *du Palais Royal.*
—— de la Porte de Paris , q. *S. Jacq.* *de la Boucherie.*
—— du Pilory , *ou* du Carreau , q. *des Halles.*

Rue
—— Royale, q. *S. Antoine.*
—— de Sorbonne, q. *S. André.*
—— des Tuilleries, q. *du Palais Royal.*
—— des Victoires, q. *Montmartre.*
S. Placide, q. *du Luxembourg.*
de la Planche, q. *S. Germain.*
de la Planchette, q. *S. Antoine.*
—————— q. *S. Martin.*
Planche-Mibrai, q. *de la Greve.*
du Plat d'Etain, q. *S. Opportune.*
du Plâtre, q. *S. Avoie.*
——— q. *S. Benoît.*
Plâtriere, q. *S. Euſtache.*
Plumet, *Voyez* Blomet.
Pointe S. Euſtache, q. *S. Euſtache.*
des Poïrées, *ou* Grenouillere, q. *S. André.*
du Poirier, q. *S. Martin.*
Poiſſoniere, q. *S. Denis.*
Poitevine, q. *S. André.*
de Poitiers q. *S. Germain.*
de Poitou, q. *du Temple.*
Poliveau, *ou* des Sauſſaies, q. *de la Pl. Maubert.*
de la Pologne, q. *Montmartre.*
Pont au Change, q. *de la Cité.*
—— aux Choux, q. *du Temple.*
— aux Biches, q. *de la Pl. Maubert.*
—— q. *S. Martin.*
—— de l'Hôtel Dieu, *ou* au Double, q. *de la Cité.*
—— Marie, *Iſle Notre-Dame.*
—— S. Michel, q. *de la Cité.*
—— Neuf, q. *de la Cité.*
—— Notre-Dame, q. *de la Cité.*

— — Rouge, *Isle Notre-Dame.*

— — Royal, q. *S. Germain.*

— — de la Tournelle, *Isle Notre-Dame.*

du Petit Pont, q. *de la Cité.*

du Pont aux Biches, q. *S. Martin*

— — — — — — q. *de la Place Maubert.*

du Pont aux Choux, q. *du Temple.*

des deux Ponts, *Isle Notre-Dame.*

de Popincourt, q. *du Temple.*

des Porcherons, q. *Montmartre.*

du Port l'Evêque, q. *de la Cité.*

du Port aux Oeufs, q. *de la Cité.*

du Port à Me. Pierre, *Voyez* Carneau.

de la Porte dorée, *Voyez* du Paon blanc.

Rue { Porte-Foin, q. *du Temple.*

Cul-de-Sac Porte aux Peintres, q. *S. Denis.*

des deux Portes, q. *S. André.*

— — — — q. *S. Denis.*

— — — — q. *de la Gréve.*

des douze Portes, q. *du Temple.*

des trois Portes, q. *S. Benoît.*

des Poftes, q. *S. Benoît.*

Ruelle des Poftes, q. *Montmartre.*

du Pot de fer, q. *S. Benoît.*

— — — — q. *du Luxembourg.*

de la Poterie, q. *de la Greve.*

— — — — q. *des Halles.*

de la Poterie S. Severin, q. *S. Benoît.*

du Potier, q. *S. Germain.*

des Poules, q. *S. Benoît.*

Pouletiere, *Isle Notre-Dame.*

des Poulies , q. *du Louvre.*
Poupée , q. *S. André.*
du Pourtour , q. *de la Greve.*
des Prêcheurs , q. *des Halles.*
Cul-de-Sac des Prêcheurs , *Voyez de*
la Brasserie.

des Prêtres {
S. Etienne , q. *S. Benoît.*
S. Germain l'Auxerois , q. *du*
Louvre.
S. Paul , q. *S. Paul.*
S. Severin , q. *S. André.*
S. Sulpice , q. *du Luxembourg.*

Princesse . q. *du Luxembourg.*
de la Procession , q. *S. Antoine.*
Cul-de.Sac des Provinciaux , *ou* d'Anjou , q. *du Louvre.*
des Prouvaires , q. *S. Eustache.*

Rue { du Puits , q. *S. Avoie.*

du Puits {
d'Amour, *Voyez* petite Truanderie.
Certain , *Voyez S.* Hilaire.
l'Hermite , q. *de la Place Mau-*
bert.
Qui parle , q. *S. Benoît.*
de Rome , q. *S. Martin.*
de la Ville , q. *S. Benoît.*

Cul-de Sac Putigneux , q. *S. Paul.*
Cul-de-Sac Putigno , q. *S. Paul.*

Q

Quai d'Anjou , *ou* d'Alençon , *Isle*
Notre-Dame.
— — des Augustins , q. *S. André.*
— — S. Bernard , q. *de la Place*
Maubert.
— — de Bourbon , *Isle Notre-Dame.*

Rue {

— — des Céleſtins, q. *S. Paul.*

— — de Conti, q. *S. Germain.*

— — Dauphin, *ou* des Balcons, *Iſle Notre-Dame.*

— — de l'Ecole, q. *du Louvre.*

— — des Galeries du Louvre, q. *du Palais Royal.*

— — de la Grenouillere, q. *S. Germain.*

— — de l'Horloge, q. *de la Cité.*

— — du Louvre, q. *du Louvre.*

— — Malaquet, q. *S. Germain.*

— — de la Megiſſerie, de la Féraille *ou* de la Vieille Vallée de Miſere, q. *Ste. Opportune.*

— — des Orfevres, q. *de la Cité.*

— — d'Orleans, *Iſle Notre-Dame.*

— — des Ormes, q. *S. Paul.*

— — d'Orſai, q. *S. Germain.*

— — Pelletier, q. *de la Greve.*

— — S. Paul, q. *S. Paul.*

— — des Quatre Nations, q *S. Germain.*

— — des Théatins, q. *S. Germain.*

— — de la Tournelle, q. *de la Place Maubert*

— — des Tuilleries, q. *du Palais Royal.*

des Quatre Fils, q. *du Temple.*

des Quarre Vents, q. *du Luxembourg.*

Cul-de Sac des Quatre vents, q. *du Luxembourg.*

des Quenouilies, q. *Ste. Opportune.*

Quinquempoix, q. *S. Jacques de la Boucherie.*

Quiraſſis, *Voyez* Pierre aſſis.

}

R

Rue {

de Rambouillet, q. *S. Antoine.*
de la Rapée , q . *S. Antoine.*
des Rats , q. *S. Jacques de la Bou-*
cherie.
————— q. *S. Benoît.*
de la Réale , *ou* Jean Gilles. q. *des*
Halles.
des Récollets, q. *S. Martin.*
du Regard, q. *du Luxembourg.*
Regratiere , *Isle Notre-Dame.*
de Reims , q. *S. Benoît.*
de la Reine Blanche , q. *de la Pla-*
ce Maubert.
du Rempart, q. *S. Antoine.*
du Rempart , *ou* Champion , q. *du*
Palais Royal.
des Remparts , q. *S. Martin.*
du Renard, *Voyez* du Chat qui pêche.
du Renard, q. *S. Denis.*
Renaud le Fevre , q. *de la Greve.*
du Reposoir , q. *S. Eustache.*
de Reuilli , q. *S. Antoine.*
petite Rue de Reuilli, q. *S. Antoine.*
de Richelieu , q. *du Palais Royal.*
S. Roch , q. *Montmartre.*
Rochechouard , q. *du Palais Royal.*
du Roi doré, q. *du Temple.*
Cour du Roi François , q. *S. Denis.*
du Roi de Sicile , q. *S. Antoine.*
Cul-de-Sac Rolin prend Cage, q.
Ste Opportune.
S. Romain, q. *du Luxembourg.*
de la Roquette , q. *S. Antoine.*

Cul-de-Sac de la Roquette, q. S. Antoine.

des Rosiers, q. S. Antoine.

— — — — q. S. Germain.

du Roule, q. du Louvre.

— — — q. du Palais Royal.

Rousselet, ou des Vaches, q. S. Germain.

Royale, q. S. Antoine.

— — q. Montmartre.

— — q. du Palais Royal.

S

Cul-de-Sac des Sablons, q de la
Cité.

du Sabot, q. S. Germain.

de Saintonge, q. du Temple.

Rue ⟨ Cul de-Sac de la Salembriere, q. S.
André.

Salle au Comte, q. S Jacques de la
Boucherie.

des Sansonnets, fermée, q. S. Benoît.

de la Santé, q. S. Benoît.

de la Savaterie, ou S. Eloi, q. de la
Cité.

Cul-de-Sac M. Saugé, q. S. Eustache.

de la Saunerie, q. Ste Opportune.

de Savoie, q. S. André.

dé la Savonnerie, q. S. Jacques de
la Boucherie.

des Saussaies, q du Palais Royal.

— — — — q. de la Place Maubert.

S. Sauveur, q S. Denis.

de Scipion, Voyez de la Barre.

Rue {

S. Sebaſtien, q. *du Temple.*

de Seine, q. *S. Germain.*

———————— q. *de la Place Maubert.*

Sencée, *Voyez* de Fourci.

des Sept Voies, q. *S. Benoît.*

du Sépulchre, q. *S. Germain.*

Serpente, q. *S. André.*

S. Severin, q. *S. André.*

de Sèvre, q. *du Luxembourg.*

Simon le Franc, q. *S. Martin.*

des Singes, q. *S. Avoie.*

Cul-de-Sac de Soiſſons, q. *S. Euſta-*
che.

Soli, q. *S. Euſtache.*

de Sorbonne, q. *S. André.*

de Soubiſe, q. *S. Avoie.*

de la Sourdiere, q. *du Palais Royal.*

Cul-de-Sac de Sourdis, *Voyez* Cour-
bâton.

Ruélle de Sourdis, q. *du Temple.*

de Surêne, q. *du Palais Royal.*

S. Symphorien, *Voyez* des Cholets.

T

de la Tabletterie, q. *Ste. Opportun e.*

de la Tacherie, q. *de la Greve.*

Taille-pain, q. *S. Martin.*

de la Tannerie, q. *de la Greve.*

Taranne, q. *S. Germain.*

Taranne petite, q. *S. Germain.*

des Teigneux, *Voyez* de la Chaiſe.

des Teinturiers, *ou* Navet, q. *de la*
Greve.

du Temple, q. *du Temple.*

du Temps perdu, *Voyez* S. Joſeph.

Thérefe , q. *du Palais Royal.*
Thevenot , q. *S. Denis.*
Thibautaudé , q. *Ste Opportune.*
S. Thomas , q. *du Luxembourg.*
S. Thomas *ou* S. Louis du Louvre , q. *du Palais Royal.*
Tiquetonne , q. *S. Euftache.*
Tire-boudin , q. *S Denis.*
Tirechape , q. *S. Opportune.*
Tiron , q. *S. Antoine.*
Tirouanne , q. *des Halles.*
de la Tifferanderie , q. *de la Greve.*
de la Tonnellerie , q. *des Halles.*
de Torigny , q. *du Temple.*
de Touloufe , *ou* de la Vrilliere , q. *Montmartre.*
Ruelle de la Tour des Dames , q. *Montmartre.*

Rue

de Touraine , q. *du Temple.*
de Touraine, *où* de Turene. q. *S. André.*
de la Tournelle , q. *de la Place Maubert.*
des Tournelles , q. *S. Antoine.*
de Tournon , q. *du Luxembourg.*
Trainéé , q. *S. Euftache.*
Tranfnonain , q. *S. Martin.*
de Traverfe , q. *S. Germain.*
Traverfine , q. *S. Antoine.*
———— q. *du Palais Royal.*
———— q. *de la Place Maubert.*
de la Treille , q. *du Luxembourg.*
de la Triperie , q. *S. Jacques de la Boucherie.*
Triplet , q. *de la Pl. Maubert.*
du Trône , q. *S. Antoine.*

Tronion, q. S. Jacques de la Boucherie.

Trop va qui dure, q. S. Opportune.

Trouſſevache, q. S. Jacques de la
Boucherie.

de la Truanderie, q. des Halles.

de la petite Truanderie, ou du Puits
d'Amour, q. des Halles.

de la Tuerie, q. S. Jacques de la
Boucherie.

des Tuilleries, Voyez de l'Orangerie.

de Turene, Voyez de Touraine.

V

des Vaches, Voyez Rouſſelet.

de la Vallée de Feſcamp, q. S. Antoine.

de la Vannerie, q. de la Greve.

de Varennes, q. S. Germain.

de Vaugirard, q. du Luxembourg.

de Vendôme, q. du Temple.

de Veniſe, ou des Dix-huit, q. de la
Cité.

de Veniſe, q. S. Jacques de la Boucherie.

Cul-de-Sac de Veniſe, q. S. Jacques de la Boucherie.

de Ventadour, q. du Palais Royal.

Verdelet, q. des Halles.

Verderet, q. S. Euſtache.

de Verneuil, q. S. Germain.

de la Verrerie, q. S. Avoie.

de Verſailles, q. de la Pl. Maubert.

de Verd-Bois, q. S. Martin.

des Vertus, q. S. Martin.

S. Victor, q. de la Pl. Maubert.

de la Vieille Lanterne, q. *S. Jacq.* de la Boucherie.

de la Vieille Monnoie, q. *S. Jacq.* de la Boucherie.

Vieille Notre-Dame, q. *de la Pl.* Maubert.

de la Vieille Tannerie, q. *S. Jacq.* de la Boucherie.

———————— q. *de la Greve.*

Vieille du Temple, q. *du Temple.*

des Vieilles {
Audriettes, q. *du Temple.*
Etuves, q. *S. Euſtache.*
— — q. *S. Martin.*
Garniſons, q. *de la Greve.*
Tuilleries, q. *du Luxembourg.*
}

du Vieux Colombier, q. *du Luxembourg.*

Rue {
des Vieux Auguſtins, q. S. *Euſtache.*
des Vignes, q. S. *Benoît.*
de la Ville-l'Évêque, q. *du Palais Royal.*
Villedöt, q. *du Palais Royal.*
des Vinaigriers, q. *S. Martin.*
Ruelle des Vinaigriers, q. *S. Martin.*
S. Vincent *ou* du Dauphin, q. *du Palais Royal.*
des trois Viſages, q. *S. Opportune.*
Vivienne, q. *Montmartre.*
de l'Univerſité, q. *S. Germain.*
de la Voirie *ou* Cadet, q. *Montmartre.*
de la Vrilliere *ou* de Touloufe, q. *Montmartre.*
Petite R. de la Vrilliere, q. *Montmartre.*
Baſſe des Urſins, q. *de la Cité.*
Haute des Urſins, q. *de la Cité.*
}

Rue {
Moyenne, *ou* du milieu des Urfins, q. *de la Cité.*
Cul-de-Sac des Urfelines, q. *S.* Benoît.
Vuide-gouffet, q. *Montmartre.*

Z

Zacharie, q. *S. André.*

*Fin de la Table Alphabétique
des Rues de Paris.*

9 782329 285146